1日が27時間になる!

速読ドリル

角田和将
Kazumasa Tsunoda

SOGO HOREI PUBLISHING CO., LTD

はじめに

「毎日の30分」が、一生の差につながる！

「えっ、もう夜？　一日が終わるの早すぎる!!」

「もう21時なのに、まだ仕事が終わらない……」


あなたはふだん、こんなふうに感じることがありませんか？


「あと1時間ほしい」

その気持ち、よくわかります。

あと1時間あればできることってたくさんありますよね。

では、どうすればその「1時間」は手に入るのでしょう？

- **朝早く出社して、仕事を早く終わらせる**
- **昼休みを少し減らして、その分仕事にあてる**

いいですね。ただし、「できたら」の話です。
今まで早起きして続いたことがありますか？
私なら、無理です（笑）。
人は、しんどいことはなかなか続けられない生き物です。
それより、もっとラクに時間が手に入る方法を試してみませんか。
その方法が、
私の教える「速読トレーニング」です。

たとえばここに、10の仕事があったとします。
Aさんにお願いすると、1時間かかって完成しました。
Bさんにお願いすると、30分で終わりました。
当然、Bさんは、30分早く仕事を終えて帰宅することができます。

読書にたとえましょう。
AさんとBさんに、ある本を渡しました。
Aさんは、1時間で読み終わりました。
Bさんは、30分で読み終わりました。
Bさんは、残り30分でもう1冊読めますし、別のことをして過ごすこともできます。

「たった30分の差」と思うかもしれません。

ですが、この差を積み重ねれば、やがて大きな差になります。

1日30分でも、1ヶ月で900分。つまり15時間の差になります。

1年に換算すると、180時間。実に7・5日になります。

ふだんのちょっとした30分が、1週間分もの違いになって現れるのです。

1日が「27時間の人」と「24時間のままの人」の違い

では、同じ地球上にいながら、1日が24時間の人と27時間に増やせる人の違いはいったい何なのでしょうか。

それは、ひとつは文章の「読み方」にあります。

文章を読むのが遅い人は、必ず文字を一言一句、つぶさに読んでいます。

つまり、
文章を読んでいるから、いつまでたっても速く読めるようにならないのです。

文字は本来、読まなくても理解できるものなのです。

たとえば、レストランのメニューを思い浮かべてみてください。「ハンバーグ定食」というメニューを見て、いちいち「ええと、ハンバーグというのは牛肉で、付け合せにはニンジンがあって……」というふうに考える人は、ほとんどいないと思います。

メニューをパッと見て、数ある中から「これにしよう」と決めると思います。メニューをわざわざ「読もう」と思って見なくても、ハンバーグ定食がどんなものか、理解できているはずです。

このように単語を一つひとつなぞりながら読むのではなく、複数の単語ごとに「まとめて見る」（ブロック読みとも言います）ことで、速く読むことができるようになります。

文章の塊《かたまり》を、あなたの「目」というクレーンでつかまえ、さらに要点を瞬時につかみ、どんどん次の文章に進んでいくイメージです。

「ブロック読み」で速読ができるようになる!

最近、電車に乗ると、スマートフォンをいじっている人をよく見かけます。

ヤフーによると、ヤフーニュースのトピックスの文字数は「13字以内」で統一しているそうです。

興味深いのはその理由。

トピックスは文字を「読ませる」というよりは「見せる」という意識で編集されているそうです。つまり、文字をブロックで見ても理解できるように、意図的につくられているわけです。

ということは、普段からトピックスを見ている方は、すでにブロック読みをして「見て理解」することができている、ということになります。

「パッ」と見て、「サッ」と読んで、次のニュースサイトに移動する。これを本などでも同じようにやるだけなのです。

習得できれば、速読ができるようになったも同然です。読書速度も格段に上がります。個人差はあるものの、普通に読んで理解する読み方から「ブロック読み」に切り替えるだけで、2~3倍近くスピードが速くなることも珍しくありません。

では、どうすれば速読ができるようになるのでしょうか?

その技術を、この本で伝えていきたいと思います。

本を読むのが苦手な人ほど速読に向いている!

ところで私は、本を読むのが苦手だと思っている人のほうが、むしろ速読の習得は早いと思っています。なぜなら、本を読んで理解するクセがついていないからです。

読むクセがついていないからこそ、吸収が速く、習得も早いのです。

実際、私の運営する速読教室で習得が早い生徒さんも、入塾当初は、「読書が苦手だった」という人のほうが多いように思います。

中には、速読を通じて読書に対するハードルが格段に下がり、「人生観が変わった」とお話しされる方も多いです。


私自身も、学生時代から国語がずっと苦手でした。

どんなに頑張っても、偏差値は40台。50になることはありませんでした。

あまりに情けなくて、「本を読まなくても生きていける！」と割り切り、読書自体を放棄したくらいです（笑）。

そんな私でしたが、あることをきっかけに速読教室に通うことになりました。

借金をいち早く返済するため、お金の勉強をはじめようと、ある投資家のコンサルティングを受けたところ、いきなり課題図書を差し出されたのです。

「まずは勉強しろ」と。

その数、全部で、30冊。しかも、500ページを超える本もたくさん……。

「この本を読み終わってからスタートになるので」

といわれました。

早い話が、本を読まないと、その投資家に教えを乞うことができないわけです。

「3ページめくれば確実に眠れる」ほどの本嫌いな私にとって、本を読むことは拷問以外の何ものでもありません。

しかし、時すでに遅し。

既に高額の授業料を振り込んでしまっていました。逃げ出すこともできず、何とかしようともがく中で速読と出会い、意を決して取り組むことを決めたのです。


そして9ヶ月後。

私は約2万人が全国から参加する速読甲子園に出場して準優勝しました。

さらにその翌月、特別優秀者決定戦で速読甲子園優勝者に勝利し、日本一になることができたのです！


以来、気づけば本を読むことに抵抗がなくなりました。

むしろ、普通の人より速く文字を読めるようになったのです。

「見て理解」するトレーニングで速読ができるようになる！

私にできたのですから、きっとみなさんにもできます。

もちろん、速読ができるようになるためには、「トレーニング」が必要です。

つまり「読んで理解」しようとするクセを「見て理解」するように矯正するトレーニングです。

ただ、トレーニングといっても、つまらないと続きませんよね。

そこでこの本では、ふだん私の教室で使っている問題を取り入れ、楽しみながら学べるよう工夫しました。ぜひゲーム感覚でやってみてほしいと思います。

速読を身につけ、学んだトレーニングをふだんのいろいろな場面で活かしていただけたら、うれしく思います。

角田和将

1日が27時間になる！　速読ドリル・もくじ

第1章

この速読で1日が27時間になる！

第2章 数字なぞりトレーニング

第6章

再現トレーニング（文字編）

第7章

文字並べ替えトレーニング

●装丁 萩原弦一郎、藤塚尚子(デジカル)
●本文デザイン・イラスト 土屋和泉
●図表・DTP 横内俊彦
●企画協力 小山睦男(インプルーブ)

第1章

この速読で1日が27時間になる!

1-1

1日が27時間になる！速読の秘密

速読ができるようになるとこんないいことがある！

速読をマスターすると、今までとは明らかに違う世界が見えてきます。

たとえば……

1. **仕事が早く終わるようになる**（決断が速くなり、残業が減る）
2. **視力がよくなる**（眼筋を鍛えることで視力が改善する）

3. 仕事以外に時間を使えるようになる（資格の勉強をする時間なども生まれる）
4. お金が稼げるようになる（アイデアが生まれやすくなり、結果を出せるようになる）
5. 結果、自分に自信が持てるようになる！

仕事が早くできるようになると時間ができるので、心のゆとりが生まれやすくなります。その時間を使って今までなかなかできなかったことを試したり、アイデアを練ったりすることができます。結果、時間の使い方が変わってきて、自分に自信が持てるようになるのです！

速読に出会って、人生が変わった

私自身、冒頭にも少し書きましたが、速読に出会ってから人生が変わりました。
速読をはじめた当初、私はダメサラリーマンでした。
仕事の要領が悪く、残業は当たり前。

毎日6時に起きて、夜22時に帰宅。帰宅後は、少ない給料を少しでも増やすべく、ＦＸのチャートと格闘し、気づいたら深夜0時をまわっているということもしばしばでした。そんな中、速読に出会い、一冊もろくに読めない状態から、本を読むことが楽しみに変わりはじめました。

そのうち、短時間で最大限の利益を引き出せるようになりました。おかげで、時間の余裕が生まれるように。睡眠時間も増え、万全の体調で仕事に臨むことができ、効率もアップしはじめました。

それだけではありません。給料とは別に、ＦＸでも収入を得られるようになりました。

2年後には、１日数分の情報チェックで月１００万円以上稼げるように。現在、投資の講師としてもお声掛けいただく機会が増えています。

こんな自分になれたのも、すべては速読と出会えたからです。

速読に出会って視幅を広げ、短時間で多くの情報をキャッチするトレーニングを積み重ねた結果だと思っています。

速読というと、どうしても「本を読むのが早くなる」という結果だけにスポットがあたりがちですが、それだけではありません。速読トレーニングを続けることによって、先に紹介した5つのメリットを必ず得ることができます。

「今は特別な能力がない」と思っている人でも、大丈夫です。速読ができるようになることで、必ず自信を持つことができるようになります。

はじめるのは今からでも遅くはありません。
シニアの方や主婦の方、中学生でもできます。
一緒に速読のもつ力を体感しませんか？

1-2

忙しい人にこそ勧めたい速読

速読をマスターすると、仕事の効率がアップする！

文字をより速く処理できるようになると、お金を出しても買えない「時間」という財産を手にすることができます。

ですから、速読を使いこなせる人は、同じ24時間でも効率よく使うことができます。人によっては、24時間以上の時間を手に入れることもできるのです。

ＴＯＥＩＣを受けたことのある方ならおわかりだと思いますが、英語や資格試験では、限られた時間内にかなり多くの問題を解かなければなりません。そのため、日頃からたくさんの問題を解く練習をしておく必要があります。

しかし、サラリーマンが仕事以外の勉強時間をつくることは、至難の業。ただでさえ残業や取引先との付き合いなどもあって、平日の夜をすべて自分の時間にあてることは難しいと思います。

では、限られた時間を有効に使うためには、どうすればいいのでしょうか？

結論から申し上げると、「目の前にある仕事を処理するスピードを速くすること」に尽きます。かといって、稟議を通すための段取りを工夫したり、伝え方を変えるのには限度があるでしょう。なぜなら、「人を動かして」効率を上げるのは、自分の力ではどうしようもできないこともありますし、それなりに時間もかかるからです。

ですが、**速読なら自分のペースでできます**し、メールチェックや情報収集など、**自分のできる範囲内で、いかようにも効率をアップさせることができます**。

ここ数年、新聞の電子版、ニュースサイトが充実し、スマートフォンで活字を見る機会が多くなりました。仕事のメールを社外でチェックし、時間を有効に使っている人も少なくないと思います。

また今後は、YouTubeをはじめとしたオンライン動画を見る機会が増えることも予想されます。字幕などで文字を見る機会も増えていくでしょう。文字などの情報をスピーディーに処理することから逃げることは、おそらく不可能です。

速読は、まさにこういった局面で力を発揮する〝武器〟なのです。

私の速読教室には、今、10代の高校生から70歳のシニア層まで、幅広い年齢の生徒さんが通っています。

中には、はじめてから3ヶ月で、新聞の一面を1分間で読み終えることができるようになった生徒さんもいます。

「メールを読むスピードや意思決定のスピードが速くなり、残業が減った」というサラリーマンの生徒さんも数多くいます。

その分、自由な時間が増えた、睡眠時間が増えた、家族との会話も増えたという話もよく聞きます。

みなさんも、ぜひこの本で「速読」という武器を身につけ、自由に使える時間を増やしてほしいと思います。

1-3 速読ができる人、できない人

速読すること＝より速く目線を移動するということ

では、そもそも「速読ができる人」とはどういう人を指すのでしょうか。
それは、「読む」プロセスに大きく関係があります。
「読む」プロセスは、大きく2つの行動に分かれます。

1. 文字を見る（認識する）

2. 次の文字に目線を移動させる

この2つだけです。

読書とは、この2つの行為をひたすらくり返しているだけなのです。

つまり、「読む」プロセスを速くすることで、より多くの文字を見ることができるようになります。ということは、**より高速な目線移動ができるようになれば、速く読めるようになる**というわけです。

読むのが速い人と遅い人の違いとは?

読むスピードが速い人というのは、一度に多くの文字を捉えることができます。「視野が広い」ともいえます。

また、目線の動きもスピーディーなので、少ない時間で多くの文字情報を捉えることができます。
もっと端的にいうと、**文章を「読んで理解する」のではなく、「見て理解する」ことができる**のです。

たとえば、次の文章を読んでみてください。

「地平線から太陽が昇ってくる」

「読んで理解する」人、つまり読むのが遅い人は、この文章を頭の中で一文字一文字音声化します。「ちへいせんからたいようがのぼってくる」といったような感じです。まるで音読しているような感じで読むという特徴があります。
たとえていうなら、図1のような読み方です。

図1　視野が広い人と狭い人の違い

一方、「見て理解する」人、つまり読むのが速い人はどうでしょうか。

文章をパッと見て、瞬時に地平線から太陽が昇ってくるイメージを思い浮かべます。

地上で一軒一軒歩いてビルの情報をつぶさに調べることで全体像を把握する人と、高層ビルの屋上から周囲を眺め、全体像をパッと把握する人をイメージしてもらうとわかりやすいかもしれません。図2をご覧ください。


視野を広げれば広げるだけ、キャッチできる情報も増え、全体像を素早くつかむことができます。あなたには、ぜひその状態を体感できるようになっていただきたいと思います。

あなたが文章を読むのが遅い理由

もうひとつ。もしあなたが、読むのが遅いのだとしたら、興味のないテーマの

図2　読んで理解する人と見て理解する人の違い

〈読んで理解する人〉

〈見て理解する人〉

本を無理に読もうとはしていないでしょうか。

「上司からいわれてしょうがなく……」では、そもそも読む気すら起こらないものです。

たとえば金融知識の全くない人が、金融の専門書をいきなり読むことはできません。速読によってすべての本がすぐに読めるようになるわけではないのです。

まずは好きなテーマの本、たとえば文字が大きくて行間が広い児童書でもいいので、文章を読む機会を徐々につくっていきましょう。難易度の高い本に挑戦するのは、その後からでも十分間に合います。

1-4

速読を体験してみよう！

いかにムダな動きを減らせるか？

それでは実際に、速読ができる人とできない人の違いを体験していただきたいと思います。

次のページに同じ漢字がたくさん並んでいます。その中に1つだけ異なる漢字があります。それを何秒で見つけられるか、試してみてください。

速く見つけることを意識してみてほしいと思います。では、はじめ！

吉 吉 吉 吉 吉
吉 吉 吉 吉 吉
吉 吉 吉 吉 吉
吉 吉 吉 吉 吉
吉 吉 吉 吉 吉
吉 吉 吉 吉 吉
吉 吉 吉 吉 吉
吉 吉 吉 吉 吉
吉 吉 吉 吉 吉
吉 吉 吉 吉 吉

いかがでしたか。見つけるのに何秒かかったでしょうか。

速い方だと2秒くらいでしょうか。

中には、15秒以上かかった方もいらっしゃるかもしれません。

正解は、下から4段目の左から2番目にあります。


では、なぜそんなに時間がかかってしまうのでしょうか？

おそらく15秒以上かかった方は、Zの文字を描くように、左上から右下に目線を動かしたのではないでしょうか（次ページ図3参照）。

速読ができる人は、最低限の動きで多くの情報をキャッチできます。そのため、全体をパッと見てすぐに見つけ出すことができます。ムダな動きが少ないため、効率よく探すことができるというわけです。

そのため先ほどの問題も、だいたい2～3秒で正解を見つけることができます。

図3　速読ができる人とできない人の読み方の違い

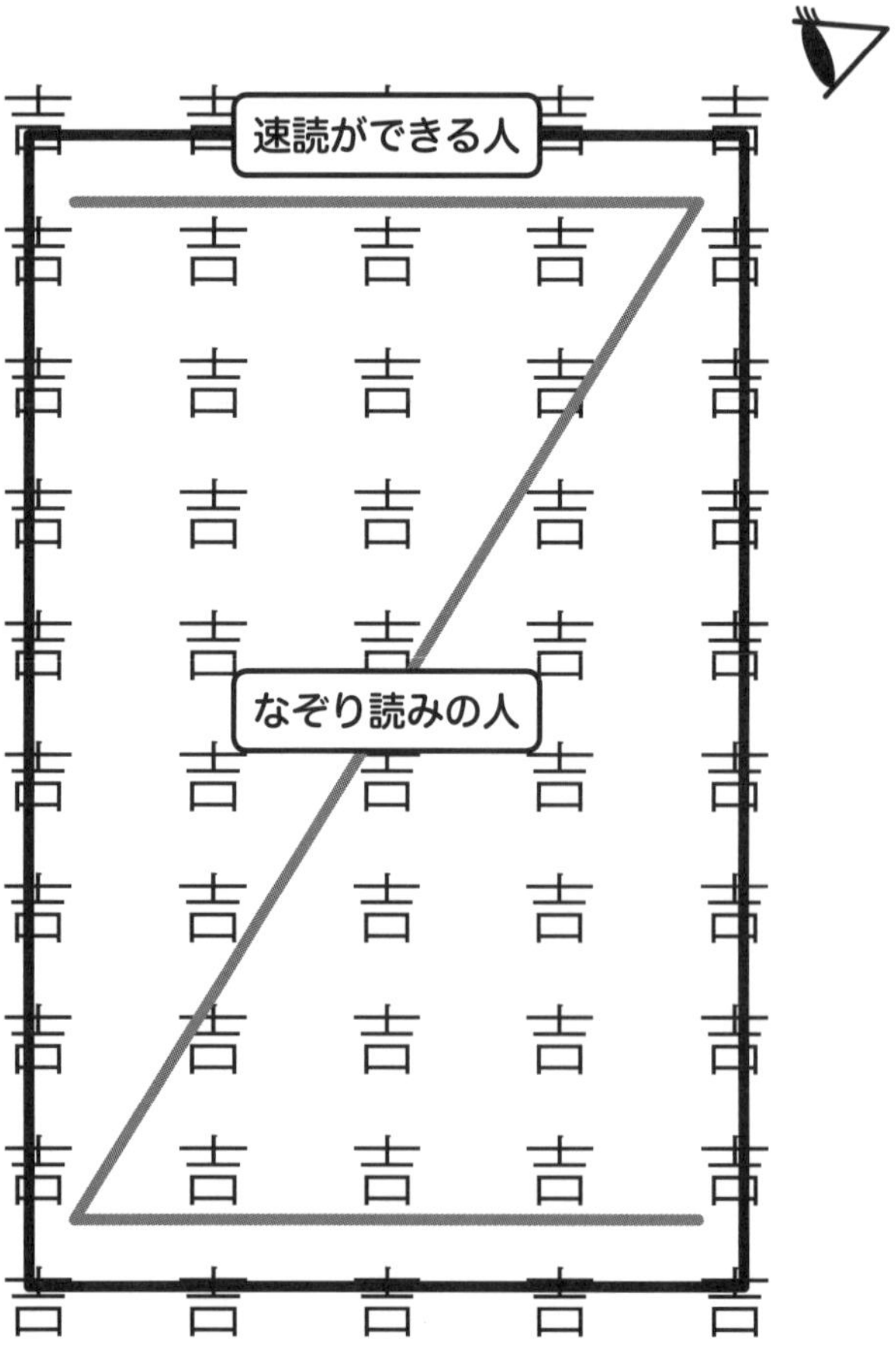

1-5 1時間が3時間に感じるようになる！

速読に出てくる「右脳」って？

速読の本をいろいろ見ていくと、「右脳」というキーワードが出てくると思います。

右脳は、イメージする思考回路を司る機関だといわれています。

文字をパッと見てイメージできるのも、右脳の働きにほかなりません。

速読のトレーニングを積むと、この「見て理解する」ための思考回路、右脳が自然と活性化されていきます。

これまでのように、一文字一文字、文字を追っていかなくても書いてあることを大まかに理解できるようになったり、要点を瞬時につかむことができるので、本を読むスピードが速まります。結果、ふだんの生活にもいい影響があらわれるようになるのです。

楽しみながらトレーニングする人は、上達が速い

右脳を活性化させるには「楽しい」「おもしろい」といった感覚を持ちながらトレーニングするのが一番です。

そのため、本書では第2章以降、楽しみながら解いていただけるトレーニング問題を用意しました。

まずは気楽な気持ちで取り組んでいただきたいと思います。

思うように解けなくても、「こんなこともある」と気にしないでください。

図4　右脳と左脳の役割

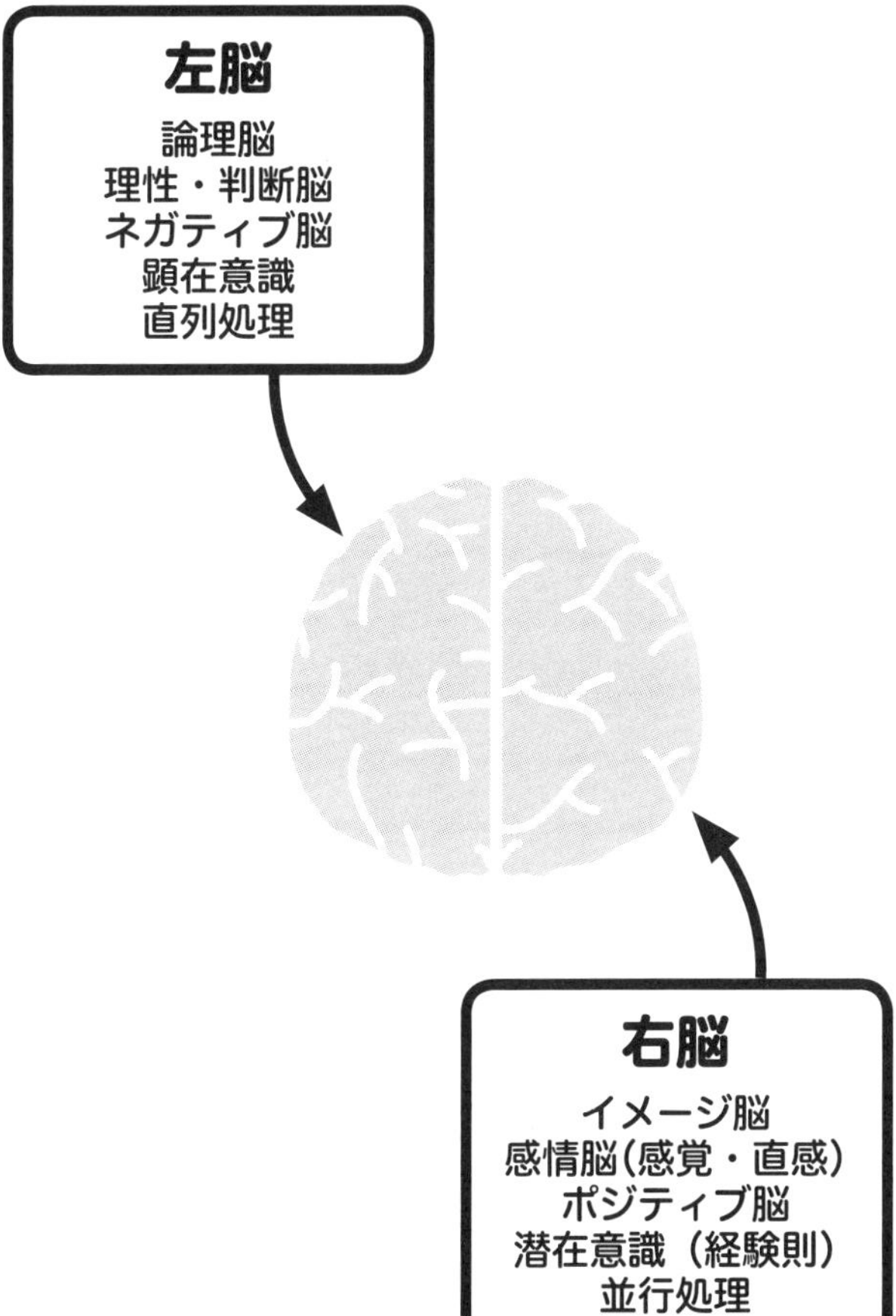
左脳
論理脳
理性・判断脳
ネガティブ脳
顕在意識
直列処理
右脳
イメージ脳
感情脳（感覚・直感）
ポジティブ脳
潜在意識（経験則）
並行処理

逆に、思った以上に解けた方は「オレ（私）、すげえ〜（すごいわ！）」と思うようにしましょう。そうすることによって、感情面（右脳）をよりよい状態に保ちながらトレーニングができるので、上達のスピードも格段に速くなります。

1-6 速読トレーニングの原則2つ

私たちの身の周りは、速読を鍛えるチャンスにあふれている

速読トレーニングの原則は「高速で見ること」と「幅広く見ること」、たったこの2つです。教室などで受講生を指導する際も、基本的にこの2つを軸にトレーニング内容を組んでいます。

第2章以降では様々な問題を取り上げていますが、これらはあくまで一例にすぎません。慣れてきたら、「こういった問題がトレーニングになるなら、普段の生活の中でやっている〝あれ〟もトレーニングになるかも？」という視点を持っていただけたらうれしく思います。

たとえば新聞を契約しているのに、毎朝時間がなくて読める情報に限りがある、という方は、新聞を読む時間をあえて「10分」と設定して、その時間内でどれだけ情報をキャッチできるか試してみてもいいでしょう。

ファッション誌のもくじを5秒だけ見つめてすぐ閉じ、何が書いてあったか思い描いてみるのもひとつの方法です。

時間を区切るクセをつけることで、集中して情報を得ようという気持ちになるため、自ずと入ってくる情報が削られていくのです。

普段の生活の中で無意識にトレーニングができるようになると、新しく速読のトレーニング本を買わなくて済みます。様々な手法や理論に振り回されることもなくなるでしょう。何より、楽しんでトレーニングができるので、継続することができます。

人は、苦しいことに時間を割けない生き物です。逆に、楽しいことならば、いくらでも時間を割くことができます。

楽しく学ぶことができれば、挫折することがないので、長く取り組めます。

こういった習慣を身につければ、何だってできるような気がしてきませんか？

まさに、一生モノの財産になるのではないでしょうか。

1-7

速読によってどうなりたいかを意識しよう

速読をする目的を見失わない

次の章からいよいよ速読トレーニングを体験していただきますが、その前に、ひとつ注意していただきたいことがあります。それは、「速読はひとつのツールにすぎない」ということです。

速読をムダに極めても、すぐにお金持ちになったり、すぐに資格取得のための時間を確保できるわけではありません。

たとえば「私は1分間に10万字読める！」といって、ものすごいスピードで読めるようになったことを自慢する人がたまにいますが、それでは意味がありません（10万字は、ビジネス書を約1分間で読み終えるくらいのスピードです）。
また、「○○式速読のほうがいい」とか「△△法速読のほうがいい」など、様々な手法を比較する速読マニアになったところで、それは単なる自己満足にしかなりません。

より高い目標を持つことを否定しているのではありません。ただ、問題を解くことそのものにハマりすぎてしまうと、大事なことを見失ってしまうということなのです。

・そもそもあなたは何のために速読を身につけたいのか？
・速読を身につけることによって、どうなりたいのか？

このように、速読をすることで「どうなりたいか」をイメージしながら取り組んだほうが、上達のスピードも速まりますし、長続きします。

結果を出す人はココが違う！

高速で見る力も幅広く見る力も、小手先のトレーニングだけで伸びるわけではありません。継続しなければ能力は衰えるばかりです。ですから、トレーニングしながら「速読をマスターしてどうなりたいのか」をイメージし続けることが、継続するうえで大切になってくるのです。

私の教室に通う生徒さんの中にも、２種類の人がいます。

一方は、速読を通じて実現したい目標がある人。そしてもう一方は、特に目標はないけれど、誰よりも速く文字を読めるようになりたいという人です。

どちらの人が早く結果を出せるかは明らかですね。

図5　結果が出やすい人と出にくい人の違い

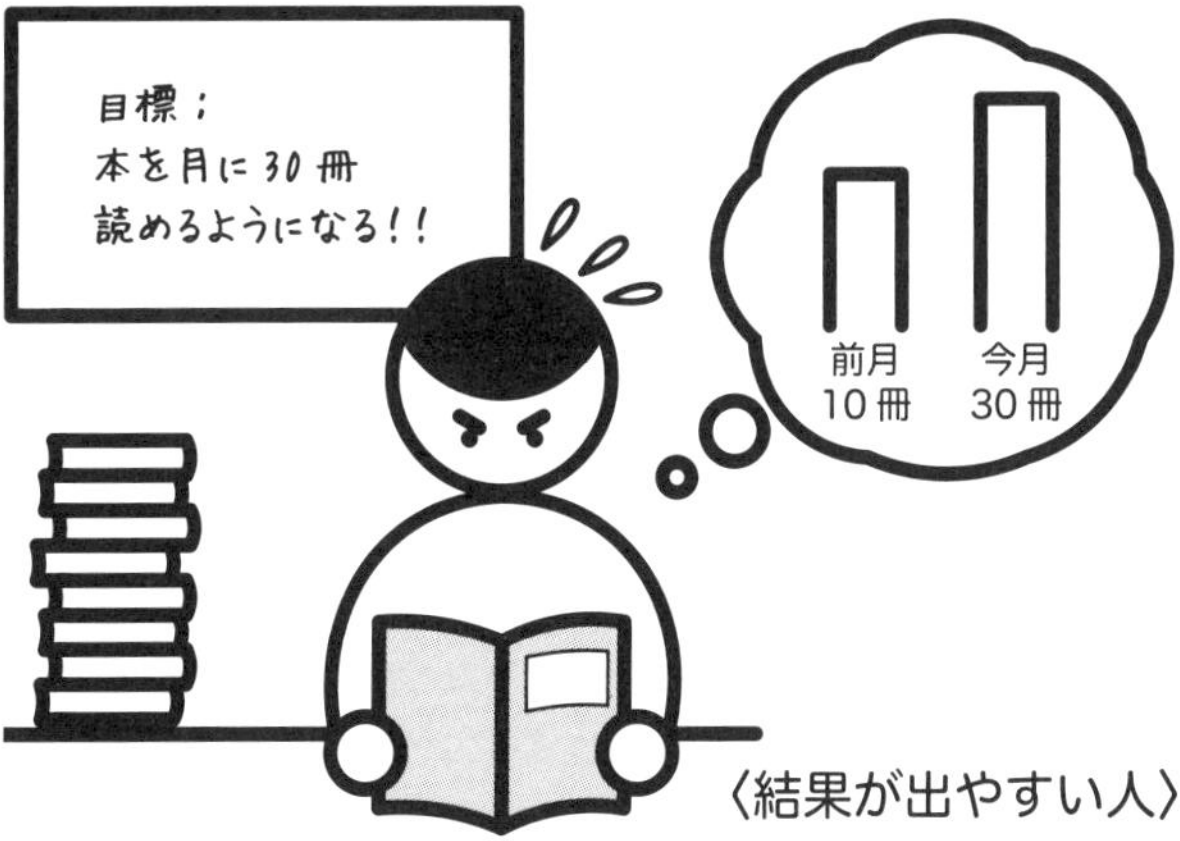

〈結果が出やすい人〉

〈結果の出にくい人〉

もちろん結果を出す人は、前者の「実現したい目標がある人」です。

私も、たまたまとはいえ金銭面で崖っぷちに追い込まれ、後がなくなったおかげで、トレーニングを続けることができました。

もう、やるしかないわけです（笑）。

ですから、「速読を極める」というよりは「速読を使いこなして借金を返す！」と、常に目標を意識しながらできたため、トレーニングを継続することができました。そして結果として、速読日本一になれたのだと思います。

速読の力を鍛えれば鍛えるほど、さまざまな活用方法が生まれてきます。ぜひ速読力を鍛えたあかつきには、いろいろな場面で活用してください。


次章からは、いよいよ速読トレーニングの実践編です。

じっくり腰を据えつつも、気楽に取り組んでいきましょう。

この問題を解けるようになることで、目線の移動がスムーズになってきます。

また、より高速で解こうとすると、視野を広く持ちながらも、視点をあまり動かさずに探すことが求められるため、視野が広がるという効果も期待できます。

ぜひ、**1秒でも速く見つける意識を持って**取り組んでみてほしいと思います。

例題がクリアできたら、本題にチャレンジしてみてください。

第2章

数字なぞりトレーニング

2-1

やり方と注意点

やり方

問題に数字やアルファベットが並んでいます。順番に見つけていきましょう。

身につくこと

この問題には、ふだん酷使している目をストレッチする役割があります。より速く解こうとすると、必然的に視野を広くとり、目線を動かす幅を短くしていかなければならなくなるため、幅広く見ることができるようになります。

例題

24 7 2 6 14

3 27 20

13

22

28 23 29

15 5 8 18

21 19 11 17

26

30 12

1

16 10 4 25 9

▼本題①

16

12

14

8

25

1

15

3

17

4

2

23

13

18

9

21

10

26

7

19

27

24

6

29

5

20

22

28

11

30

▼本題②

10

5

7

20

26

18

25

30

2

13

19

22

28

27

23

4 12
3
21
11
24
8 6
9
17
14
15
1
16
29

▼本題③

V E L

R U

A

M

Z I

C N

H

O

W

P

X

B

J

Q

Y

F

K

S

G

D

T

▼本題④

O K

S W C

Z I

H Q

A M

X F

B

V

N

T

E

R

J

P

Y

G

D

U

L

▼本題⑤

V

A I X

O

Q

W

K F

N

L

T

E

G

S

R

P

D

J

M

B

U

Z

Y

H

C

①34　②55　③34　④41　⑤44

いかがでしたか。

たった30個の数字やアルファベットでも、見つけるのがこんなに大変だったとは思ってもみなかった！　という方が多かったのではないかと思います。

「思ったよりできたなあ」という方は、40ページにある「速読ができる人の読み方」を参考に、なるべく視線を動かさず、視野を広くとって探すようにしてみてください。そうすることで、より速く見つけることができるようになります。

また、最初は1分以上かかったという方でも、毎日1問ずつ続けていくことによって、必ずできるようになります（めんどうな方は1週間に1問でもかまいません）。

問題を解き終わった方は、ぜひご自分でも問題をつくって、友達同士、家族同士などで解き合ってみてください。

第3章

間違い探しトレーニング（イメージ編）

3-1

やり方と注意点

やり方

2枚の絵を比較し、違う箇所を見つけましょう。間違いは7つあります。

身につくこと

この問題を解くことで、短時間で必要な情報をパッと見分けられるようになります。先ほどの数字なぞりトレーニングと同じく、できるだけ視点を動かさずに探すようにしてください。

▼例題

※解答は81ページ

（間違いは7つあります）

▼本題①

※解答は81ページ

%
%
8
7

（間違いは7つあります）

▼本題②

※解答は82ページ

（間違いは7つあります）

▼本題③

※解答は82ページ

（間違いは7つあります）

▼本 題④

※解答は 82 ページ

ハワイ
お守

いかがでしたか。彼氏が見とれている女性に、みなさんまで見とれてしまいませんでしたか？

第1章で、速読ができる人は「短時間で必要な情報をパッと見分ける」という話をしましたが、この問題はまさにその筋肉を鍛える問題になります。

ふだん本を読んでいてもなかなかページが進まないのに、この問題をしているとあっという間にページがめくれたのではないでしょうか。それでいいのです。

まずは楽しみながら速読筋を鍛え、少しずつステップアップしていきましょう。

なお、この問題ができるようになった方は、書店にある本棚などで、目的の本を探すトレーニングをしてみてください。おそらく、見つけるスピードが速くなっていると思います。

次の章からは、文字バージョンの間違い探しにチャレンジしていただきたいと思います。

▼解答

◀例　題

◀本題①

▼ 解答

本題②▶

本題③▼

本題④▶

第4章

間違い探しトレーニング（文字編）

4-1

やり方と注意点

やり方

同じ漢字の中から、1つだけ違っている漢字を見つけましょう。

身につくこと

この問題を解くことで視野が広がります。引き続き視点をできるだけ動かさないように心がけながら解いてみてください。1秒でも早く見つけようと意識すればするほど、見つかるスピードも速くなります。

例題

大	大	大	大	大	大	大	大	大	大
大	大	大	大	大	大	大	大	大	大
大	大	大	大	大	大	大	大	大	大
大	大	大	大	大	大	大	大	大	大
大	大	大	大	大	大	大	大	大	大
大	大	犬	大	大	大	大	大	大	大
大	大	大	大	大	大	大	大	大	大
大	大	大	大	大	大	大	大	大	大
大	大	大	大	大	大	大	大	大	大
大	大	大	大	大	大	大	大	大	大

※解答は 97 ページ

▼本題①

末	末	末	末	末
末	末	末	末	末
末	末	末	末	末
末	末	末	末	末
末	末	末	末	末
末	末	末	末	末
末	末	末	末	末
末	末	末	末	末
末	末	末	末	末
末	末	末	末	末

※解答は 97 ページ

末 末 末 末 末

末 末 末 末 末

末 末 末 末 末

末 末 末 末 末

末 末 末 末 末

末 末 末 末 末

末 末 末 末 末

末 末 末 末 末

末 末 末 末 末

末 末 末 末 末

▼本題②

茅	茅	茅	茅	茅
茅	茅	茅	茅	茅
茅	茅	茅	茅	茅
茅	茅	茅	茅	茅
茅	茅	茅	茅	茅
茅	茅	茅	茅	茅
茅	茅	茅	茅	茅
茅	茅	茅	茅	茅
茅	茅	茅	茅	茅
茅	茅	茅	茅	茅

※解答は 97 ページ

茅	茅	茅	茅	茅
茅	茅	茅	茅	茅
茅	茅	茅	茅	茅
茅	茅	茅	茅	茅
茅	茅	茅	茅	茅
茅	茅	茅	茅	茅
茅	芽	茅	茅	茅
茅	茅	茅	茅	茅
茅	茅	茅	茅	茅
茅	茅	茅	茅	茅

▼本題③

園	園	園	園	園
園	園	園	園	園
園	園	園	園	園
園	園	園	園	園
園	園	園	園	園
園	園	園	園	園
園	園	園	園	園
園	園	園	園	園
園	園	園	圓	園
園	園	園	園	園

※解答は 98 ページ

園	園	園	園	園
園	園	園	園	園
園	園	園	園	園
園	園	園	園	園
園	園	園	園	園
園	園	園	園	園
園	園	園	園	園
園	園	園	園	園
園	園	園	園	園
園	園	園	園	園

▼本題④

肉　肉　肉　肉　肉
肉　肉　肉　肉　肉
肉　肉　肉　肉　肉
肉　肉　肉　肉　肉
肉　肉　肉　肉　肉
肉　肉　肉　肉　肉
肉　肉　肉　肉　肉
肉　肉　肉　肉　肉
肉　肉　肉　肉　肉
肉　肉　肉　肉　肉

※解答は 98 ページ

肉	肉	肉	肉	肉
肉	肉	肉	肉	肉
肉	肉	肉	肉	肉
肉	肉	肉	肉	肉
肉	肉	肉	肉	肉
肉	肉	肉	肉	肉
肉	肉	肉	肉	肉
肉	肉	肉	内	肉
肉	肉	肉	肉	肉
肉	肉	肉	肉	肉

▼本題⑤

輪	輪	輪	輪	輪
輪	輪	輪	輪	輪
輪	輪	輪	輪	輪
輪	輪	輪	輪	輪
輪	輪	輪	輪	輪
輪	輪	輪	輪	輪
輪	輪	輪	輪	輪
輪	輪	輪	輪	輪
輸	輪	輪	輪	輪
輪	輪	輪	輪	輪

※解答は 98 ページ

輪	輪	輪	輪	輪
輪	輪	輪	輪	輪
輪	輪	輪	輪	輪
輪	輪	輪	輪	輪
輪	輪	輪	輪	輪
輪	輪	輪	輪	輪
輪	輪	輪	輪	輪
輪	輪	輪	輪	輪
輪	輪	輪	輪	輪
輪	輪	輪	輪	輪

この問題を解くスピードが速くなることによって、視野を広げられるようになります。視野が広がると、より限られた時間内にたくさんの情報をキャッチすることができるようになり、短時間で問題を解くことができるようになります。
特にＴＯＥＩＣの試験では、問題数が多く設定されています。一問あたりにかける時間が限られているので、解くスピードも速くなります。

ここまできたら少し休憩をして、目を休めましょう。
紙にできるだけ大きく円を描き、それを反時計回りに目でなぞっていきます。
円を一周したら、同様に、時計回りに一周します。
下記の図のようなイメージです。
これを3回ほどくり返すうちに、目が休まります。
ぜひ一度、試してみてください。

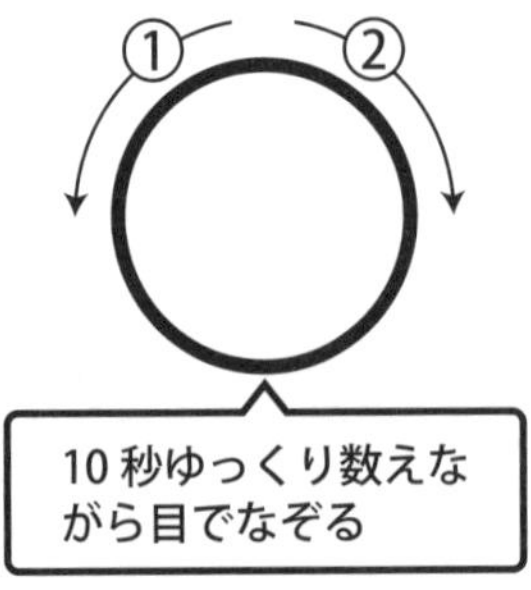

▼解答

◀例題

大	大	大	大	大	大	大	大	大	大
大	大	大	大	大	大	大	大	大	大
大	大	大	大	大	大	大	大	大	大
大	大	大	大	大	大	大	大	大	大
大	大	大	大	大	大	大	大	大	大
大	大	犬	大	大	大	大	大	大	大
大	大	大	大	大	大	大	大	大	大
大	大	大	大	大	大	大	大	大	大
大	大	大	大	大	大	大	大	大	大
大	大	大	大	大	大	大	大	大	大

◀本題①

末	末	末	末	末	末	末	末	末	末
末	末	末	末	末	末	末	末	末	末
末	末	末	末	末	末	末	末	末	末
末	末	末	末	末	末	末	末	末	末
末	末	末	末	末	末	末	末	末	末
末	末	末	末	末	末	末	末	末	末
末	末	末	末	末	末	末	末	末	末
末	末	末	末	末	末	未	末	末	末
末	末	末	末	末	末	末	末	末	末
末	末	末	末	末	末	末	末	末	末

◀本題②

茅	茅	茅	茅	茅	茅	茅	茅	茅	茅
茅	茅	茅	茅	茅	茅	茅	茅	茅	茅
茅	茅	茅	茅	茅	茅	茅	茅	茅	茅
茅	茅	茅	茅	茅	茅	茅	茅	茅	茅
茅	茅	茅	茅	茅	茅	茅	茅	茅	茅
茅	茅	茅	茅	茅	茅	茅	茅	茅	茅
茅	芽	茅	茅	茅	茅	芽	茅	茅	茅
茅	茅	茅	茅	茅	茅	茅	茅	茅	茅
茅	茅	茅	茅	茅	茅	茅	茅	茅	茅
茅	茅	茅	茅	茅	茅	茅	茅	茅	茅

▼解答

園	園	園	園	園	園	園	園	園	園
園	園	園	園	園	園	園	園	園	園
園	園	園	園	園	園	園	園	園	園
園	園	園	園	園	園	園	園	園	園
園	園	園	園	園	園	園	園	園	園
園	園	園	園	園	園	園	園	園	園
園	園	園	園	園	園	園	園	園	園
園	園	園	園	園	園	園	園	園	園
園	園	園	園	園	園	園	園	圓	園
園	園	園	園	園	園	園	園	園	園

◀本題③

肉	肉	肉	肉	肉	肉	肉	肉	肉	肉
肉	肉	肉	肉	肉	肉	肉	肉	肉	肉
肉	肉	肉	肉	肉	肉	肉	肉	肉	肉
肉	肉	肉	肉	肉	肉	肉	肉	肉	肉
肉	肉	肉	肉	肉	肉	肉	肉	肉	肉
肉	肉	肉	肉	肉	肉	肉	肉	肉	肉
肉	肉	肉	肉	肉	肉	肉	肉	肉	肉
肉	肉	肉	内	肉	肉	肉	肉	肉	肉
肉	肉	肉	肉	肉	肉	肉	肉	肉	肉
肉	肉	肉	肉	肉	肉	肉	肉	肉	肉

◀本題④

輪	輪	輪	輪	輪	輪	輪	輪	輪	輪
輪	輪	輪	輪	輪	輪	輪	輪	輪	輪
輪	輪	輪	輪	輪	輪	輪	輪	輪	輪
輪	輪	輪	輪	輪	輪	輪	輪	輪	輪
輪	輪	輪	輪	輪	輪	輪	輪	輪	輪
輪	輪	輪	輪	輪	輪	輪	輪	輪	輪
輪	輪	輪	輪	輪	輪	輪	輪	輪	輪
輪	輪	輪	輪	輪	輪	輪	輪	輪	輪
輪	輪	輪	輪	輪	輸	輪	輪	輪	輪
輪	輪	輪	輪	輪	輪	輪	輪	輪	輪

◀本題⑤

第5章

再現トレーニング（イメージ編）

5-1

やり方と注意点

やり方

問題を見て、該当する解答欄に何が書いてあったか再現してみましょう。解答欄の該当ページは、問題の下の方に書いてあります。

身につくこと

この問題は、瞬間的に認識する力を鍛えるためのものです。絵を見る時間は、最初は3秒からはじめ、慣れてきたら1秒というふうに減らしていきましょう。

▼ 例題

※解答欄は 108 ページ

▼本題①

※解答欄は109ページ

▼本題②

※解答欄は110ページ

▼本題③

※解答欄は111ページ

▼本題④

※解答欄は112ページ

▼本題⑤

※解答欄は113ページ

▼本題⑥

※解答欄は114ページ

▼解 答

※問題は101ページ

▼解答①

※問題は102ページ

▼解 答②

※問題は103ページ

▼解答③

※問題は104ページ

▼ 解答④

※問題は105ページ

▼ 解 答⑤

※問題は106ページ

▼解 答⑥

※問題は107ページ

いかがでしたか。

この問題を解くのに慣れてきたら、ぜひふだん見ている景色を題材に、描いてみてはいかがでしょうか。

たとえば今日起きてから、この本を読む前までにあった出来事をできるだけ鮮明に思い浮かべてみます。家を出て職場に着くまでの間に目に飛び込んできたもの、見た景色などを、なるべく鮮明に思い出すようにするのです。

できる範囲でかまいませんので、ぜひトライしてみてください。

このような訓練を続けることによって、イメージ脳である右脳が活性化され、「左脳で読んで理解」から「右脳で見て理解」への切り替えがスムーズにできるようになります。

第6章

再現トレーニング（文字編）

6-1

やり方と注意点

やり方

問題を見て、該当する解答欄に何が書いてあったか再現しましょう。解答欄の該当ページは、問題の下に書いてあります（例題のみ、解答欄は下にあります）。

身につくこと

これも瞬間的に認識する力を鍛える問題です。文字を見る時間は、はじめは3秒からはじめ、慣れてきたら減らしていくようにしましょう。

▼例題

土　ゾウ

ウマ

シカ　あり

花

トンボ

アフリカ　エサ

シャワー

▼解答

▼本題①

御礼

滑稽

幸福

武器

落語

先輩

貨幣

輝く

結婚

天気

映画

食事

応援

新聞

警察

※解答欄は124ページ

▼本 題②

傑作

花束

将来

舞台

笑顔

敬意

歓迎

縁起

家族

感動

満腹

理想

積極

演劇

豪華

※解答欄は125ページ

▼本題③

グレー

黄色

ミドリ

紫

あお

Silver

金

シロ

あか

黒

橙

水色

藍

Pink

チャ

※解答欄は126ページ

▼本題④

N

Mg

Na

Cl

H

K

Al

Be

Co

Se

He

P

Fe

Ca

C

※解答欄は127ページ

▼ 解 答①

※問題は120ページ

▼解答②

※問題は121ページ

▼ 解 答③

※問題は122ページ

▼解 答④

※問題は123ページ

いかがでしたか。

この問題ができるようになればなるほど、読書するスピードが速くなると思います。

慣れてきたら、自分の好きな本の1節を、数ページでもかまいませんので、ぱらぱらめくっていき、どのような言葉があったか思い出してみましょう。

また、本に抵抗のある方は、まずはネットニュースでも大丈夫です。高速でスクロールさせながら、どのような言葉があったか思い出してみると、速読脳を鍛えるトレーニングになります。

これは電車に乗りながらでもできますので、毎朝試してみることをオススメします。

第7章

文字並べ替えトレーニング

7-1

やり方と注意点

やり方

問題の単語を並べ替えて、元の単語を当ててみましょう。なるべく速く回答することを意識して取り組んでみてください。

身につくこと

問題にある単語を単語でつなぎ合わせることによって、認識力を向上させることができます。

ヒント：動物

例題

おんらい→ラ□□□

たげかは→ハ□□□

いぱんら→□□□ラ

ろくふう→□ク□□

なかあり→□□リ□

へろびし→□□ヘ□

いなかと→ト□□□

ままうし→□マ□□

もかかし→カ□□□

みずくみ→□□ズ□

※解答は 132 ページ

▼解答

おんらい→ライオン

たげかは→ハゲタカ

いぱんら→インパラ

ろくふう→フクロウ

なかあり→カナリア

へろびし→シロヘビ

いなかと→トナカイ

ままうし→シマウマ

もかかし→カモシカ

みずくみ→ミミズク

▼本題①

りうこも→□□□□

いえはな→□□□□

えびせい→□□□□

ばいしぬ→□□□□

あいくり→□□□□

うむとてんし→□□□□□□

じろおほめざ→□□□□□□

みつかはねず→□□□□□□

べざめいじん→□□□□□□

もとあんない→□□□□□□

※解答は139ページ

▼本題②

もこすす→□□□□

じいさあ→□□□□

まひわり→□□□□

いんせす→□□□□

ぼんさて→□□□□

ばらかし→□□□□

らすんず→□□□□

まゆりあ→□□□□

はのなな→□□□□

つゆさきむさくら→□□□□□□□□

※解答は140ページ

▼本題③

かふあり→□□□□

たいがに→□□□□

ぷじとえ→□□□□

めあかり→□□□□

るんきしへ→□□□□□

あんぜんちる→□□□□□□

あねしんどい→□□□□□□

たこくまいや→□□□□□□

にーくゅよー→□□□□□□

むらいす→□□□□

※解答は141ページ

▼本題④

てらかす→□□□□

いたけし→□□□□

しぼうめ→□□□□

これんん→□□□□

にくつだ→□□□□

ぷっぷーかす→□□□□□□

こまかにぼか→□□□□□□

こしもとろう→□□□□□□

よかりくうん→□□□□□□

ぐろまかにんたら→□□□□□□□□

※解答は 142 ページ

ヒント：人の名前（8 問目まで漢字で）

▼本題⑤

でよちぐのひ →□□□□

きふゆざちわく →□□□□

いもよりたらのき →□ □ □

いんどとうさうさ →□□□□

たもりごうかいさ →□□□□

えがわやすいとく →□□□□

でゆかひわき →□□□□

おこのものい →□□□□

とらうまるん →□□□□□□

あせでんるん →□□□□□□

※解答は 143 ページ

▼本題⑥

うふえぇるっと → □□□□□□□

りすかいーつ → □□□□□□

ろーすたくさん → □□□□□□□

んんんかしせ → □□□□□□

すけぼーばっとる → □□□□□□□□

いかううどん → □□□□□□

いしずてんか → □□□□□□

こーぷへたり → □□□□□□

こりらくまお → □□□□□□

こーしゃまる → □□□□□□

※解答は 144 ページ

▼解答①

りうこも→コウモリ

いえはな→ハイエナ

えびせい→イセエビ

ばいしぬ→シバイヌ

あいくり→アリクイ

うむとてんし→テントウムシ

じろおほめざ→ホオジロザメ

みつかはねず→ハツカネズミ

べざめいじん→ジンベイザメ

もとあんない→アンモナイト

▼解答②

もこすす→コスモス

じいさあ→アジサイ

まひわり→ヒマワリ

いんせす→スイセン

ぼんさて→サボテン

ばらかし→シラカバ

らすんず→スズラン

まゆりあ→アマユリ

はのなな→ナノハナ

つゆさきむさくら→ムラサキツユクサ

▼解答③

かふあり→アフリカ

たいがに→ニイガタ

ぷじとえ→エジプト

めあかり→アメリカ

るんきしへ→ヘルシンキ

あんぜんちる→アルゼンチン

あねしんどい→インドネシア

たこくまいや→ヤマタイコク
(邪馬台国)

にーくゅよー→ニューヨーク

むらいす→イスラム

▼解答④

てらかす→カステラ

いたけし→シイタケ

しぼうめ→ウメボシ

これんん→レンコン

にくつだ→ツクダニ

ぷっぷーかす→カップスープ

こまかにぼか→カニカマボコ

こしもとろう→トウモロコシ

よかりくうん→クリヨウカン

ぐろまかにんたら→マカロニグラタン

▼解答⑤

でよちぐのひ → 野口英世

きふゆざちわく → 福沢諭吉

いもよりたらのき → 平　清　盛

いんどとうさうさ → 斉藤道三

たもりごうかいさ → 西郷隆盛

えがわやすいとく → 徳川家康

でゆかひわき → 湯川秀樹

おこのものい → 小野妹子

とらうまるん → ウルトラマン

あせでんるん → アンデルセン

▼解答⑥

うふぇぇるっと → エッフェルとう

りすかいーつ → スカイツリー

ろーすたくさん → サンタクロース

んんんかしせ → シンカンセン

すけぼーばっとる → バスケットボール

いかううどん → うんどうかい

いしずてんか → かいてんずし

こっぷへたり → ヘリコプター

こりらくまお → こおりまくら

こーしゃまる → コマーシャル

いかがでしたか。

答えられなかった問題も、解答を見たら「あ〜そうか」と思うような内容だったかと思います。いわば「頭の中には記憶されているけれど、いざアウトプットしようとすると出てこなかった」状態になります。これは速読に限らず、読書などをして情報収集しているけれど、いざというときに思い出せないという状況に似ています。このトレーニングを積むことによって、潜在的に眠っている知識を引っ張り出す力を養うことができます。そして、いざというときにアウトプットできるようになります。

次の章では、同じ効果を狙える別のトレーニングを紹介したいと思います。

第8章
言葉の思い出しトレーニング

8-1

やり方と注意点

やり方

問題の答えを1分間にどれだけ挙げられるかチャレンジしてみましょう。

身につくこと

アウトプットする力を高めるトレーニングになります。人は、いくら知識を身につけても、アウトプットする機会がなければ忘れてしまいます。このアウトプットする力を高めると、結果的に速読の力を鍛えることにつながります。

例題「あ」のつく言葉（4文字）

いくつ思い出せますか？
下記に、書き出してみましょう。

例：あいさつ、あいづち、あこがれ

※1分間にいくつ書き出せたか、記録しておきましょう。

1回目…　個
2回目…　個
3回目…　個

※解答例は154ページ

Q1 寿司ネタ

いくつ思い出せますか？
下記に、書き出してみましょう。

※1分間にいくつ書き出せたか、記録しておきましょう。

1回目…　個
2回目…　個
3回目…　個

※解答例は155ページ

▼本 題②

Q2 国民の休日

いくつ思い出せますか？
下記に、書き出してみましょう。

※1分間にいくつ書き出せたか、記録しておきましょう。

1回目…　個
2回目…　個
3回目…　個

※解答例は156ページ

Q3 名前に「色」に関する文字が入っている芸能人

いくつ思い出せますか？
下記に、書き出してみましょう。

※１分間にいくつ書き出せたか、記録しておきましょう。

1回目…　個
2回目…　個
3回目…　個

※解答例は157ページ

▼ 本 題④

Q4 都道府県

いくつ思い出せますか？
下記に、書き出してみましょう。

※１分間にいくつ書き出せたか、記録しておきましょう。

１回目…　個
２回目…　個
３回目…　個

※解答例は 158ページ

▼解答

例題「あ」のつく言葉

いくつ思い出せますか？
下記に、書き出してみましょう。

例：あいさつ、あいづち、あこがれ
あんしん、あんぜん、あんざん、あかみそ
あかるい、あじさい、あさがお、アネモネ
あくしゅ、あげたて、あけぼの、あしくび
あざやか、あさいち、あしどり、あせだく
あっぱれ、あでやか、あてさき、あとおし
あとつぎ、あながち、あなぐら、あぶらえ
あまぐり、あまがさ、あまとう、あまもり
あみもの、あめいろ、あやとり、あまえび
あらもの、ありあけ、ありさま、アリバイ
ありゅう、アルカリ、アルパカ、あわもり
あんけん、あんごう、あんせい、あんそく

※１分間にいくつ書き出せたか、記録しておきましょう。

１回目…　個
２回目…　個
３回目…　個

▼ 解答①

Q1 寿司ネタ

いくつ思い出せますか？
下記に、書き出してみましょう。

マグロ、大トロ、中トロ、サーモン
タイ、ヒラメ、ハマチ、サバ、アジ
サンマ、カツオ、イカ、タコ、ウニ
イクラ、赤貝、ツブ貝、エビ、ホタテ
穴子、ウナギ、カニ、玉子、納豆巻
鉄火巻、とびこ ほか

※1分間にいくつ書き出せたか、記録しておきましょう。

1回目…　個
2回目…　個
3回目…　個

Q2 国民の休日

いくつ思い出せますか？
下記に、書き出してみましょう。

元旦、成人の日、建国記念日
春分の日、昭和の日、憲法記念日
みどりの日、こどもの日、海の日
山の日、敬老の日、秋分の日
体育の日、文化の日、勤労感謝の日
天皇誕生日

※1分間にいくつ書き出せたか、記録しておきましょう。

1回目…　個
2回目…　個
3回目…　個

▼解答③

Q3 名前に「色」に関する文字が入っている芸能人

いくつ思い出せますか？
下記に、書き出してみましょう。

蒼井優、桃井かおり、黒木瞳
黒木メイサ、黒柳徹子、白石美帆
青木裕子、青木さやか、青田典子
紺野美沙子、菊池桃子、赤井秀和
石黒賢、加藤茶 ほか

※1分間にいくつ書き出せたか、記録しておきましょう。

1回目…　個
2回目…　個
3回目…　個

Q4 都道府県

いくつ思い出せますか？
下記に、書き出してみましょう。

愛知県、大阪府、神奈川県、東京都
広島県、福岡県、北海道、宮城県
青森県、秋田県、石川県、茨城県
岩手県、愛媛県、大分県、岡山県
沖縄県、香川県、鹿児島県、岐阜県
京都府、熊本県、群馬県、高知県
埼玉県、佐賀県、滋賀県、静岡県
島根県、千葉県、徳島県、栃木県
鳥取県、富山県、長崎県、長野県
奈良県、新潟県、兵庫県、福井県
福島県、三重県、宮崎県、山形県
山口県、山梨県、和歌山県

※1分間にいくつ書き出せたか、記録しておきましょう。

1回目…　個
2回目…　個
3回目…　個

いかがでしたか。これ以外にも正解はありますので、どうか気楽にやってみてください。

解答例をご覧になって、「あ〜、そう言われれば確かに」と思った単語はありませんでしたか？

それはまさに、「思い出すことはできなかったけど、頭には入っている言葉」というものになります。みなさんがふだん、いかにアウトプットする機会が少ないかを実感していただけるのではないでしょうか。このトレーニングをくり返し行なうことによって、少しずつ思い出せるようになります。

ポイントは「がむしゃらに書き出すこと」です。

たまに「一般的な言葉でなければならない」と、自分で自分にブレーキをかけてしまう方がいらっしゃいますが、それではトレーニングになりません。解答を見るのはあなただけですし、何も恥ずかしいことはありません。間違っていてもいいので、まずは書き出してみることを心がけましょう。

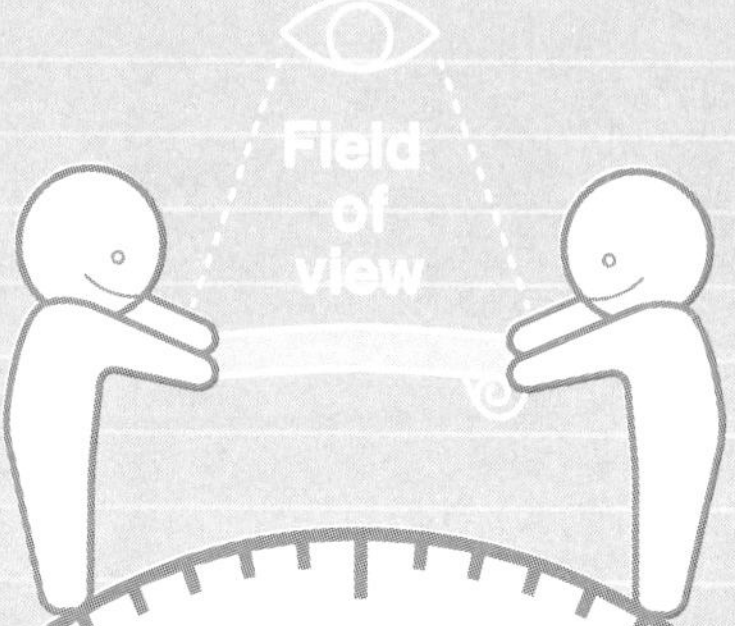

第9章

ふだんの生活でできる速読トレーニング

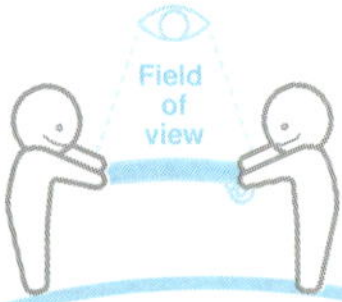

9-1

脳トレと速読トレーニングを混同しない

速く読むトレーニングを積めば、クセは変えられる！

第2章から問題を解いてきてみて、どうだったでしょうか？

「こんなことが速読のトレーニングになるんだ」という発見もあったのではないかと思います。

回答の出来は人それぞれですので、気にする必要はありません。結果的にこれらの問題が簡単にできるようになったからといって、「読んで理解」から「見て理解」に切り替えるのは、おそらくみなさんが想像する以上にハードルが高いと思います。長年ついているクセを矯正するのは大変なことだからです。

では、一度ついたクセは矯正できないのでしょうか？

そんなことはありません。矯正できます。

答えは至ってシンプルで、文章を見るときに、大きな塊（ブロック）で「見て理解」しようとする意識を持ってトレーニングをすることです。

第1章でもお伝えした**「ブロック読み」を意識しながら、「高速で文字を見る」、「幅広く文字を見る」ことを実践してみる**のです。

間違えないでいただきたいのは、いわゆる「脳トレ」をいくらやっても、必ず速読に結びつくわけではないということです（やらないよりはマシかもしれませんが）。**「読んで理解」から「見て理解」に切り替えることができてはじめて、トレーニング効果を発揮することができるのです。**

文章に対して「高速で見る」、「幅広く見る」ことを意識することで「読んで理解」から「見て理解」に切り替えることができるようになります。また、それと並行する形で脳が活性化され、速読の力が高まってきます。この順番を見失わないようにしていただきたいと思います。

9-2

2種類のトレーニングで、速読ができる身体になる！

目が疲れたら試したいトレーニング

第1章でも少し紹介しましたが、私たちの身のまわりには、一見速読と無関係のように思えることでも、トレーニングに応用できることがたくさんあります。

ここで、私の教室で実際に行なっていることを含め、いくつかトレーニングを紹介したいと思います。

❶ 眼筋トレーニング

これは文字通り、眼の筋肉を鍛えることで、目のストレスを和らげるために実施しているものです。このトレーニングを行なうことで、高速でモノを見たり、見続けられるようになります。

みなさんの周りに、本を読んでいるとつい眠くなってしまうという人がいませんか？　私も速読をはじめた頃は、そうでした。

これは、目の筋肉が弱く、視線を動かし続けているうちに目が疲れてきてしまうことが原因の一つです。

では、どうすればいいのでしょうか。

ひとつは、**目のストレッチを行なうこと**です。

眼筋を鍛え、目線をスムーズに移動させ、より速い目線移動に耐えられるようにすることで、本を読んでいても眠くなりにくくなります。さらに、視力がよくなる人もいます。


やり方は極めて簡単です。

目を上下・左右に動かす。ただこれだけです。

恐ろしく単純ですが、動作としては、本当にこれだけです。

今回、本書の特典として、PCを使ったツールを用意しました（ダウンロード方法など、詳しくは、190ページをご覧ください）。そのツールを使うことで、スキマ時間に、気軽に眼筋を鍛えることができます。

〈注意点〉
首は動かさず、目線だけ大きく動かす（なるべく近くのものに視点を合わせる）
目線は0・5秒間隔くらいで動かす

② 視野拡大トレーニング

速読をするうえでは、「幅広く見る力」が欠かせません。

そこで、純粋に「見る幅」を広げる「視野拡大トレーニング」というものがあります。パソコンを使って行なうツールを用意しました。ぜひ一度試していただきたいと思います。

以上2つのトレーニングを通して、速読に対応した身体をつくることができます。

そのほか、教室で実際に取り組んでいるトレーニング内容については、拙著『速読日本一が教える1日10分速読トレーニング』にも記載していますので、理論的な考え方にご興味をお持ちの方は、そちらをご覧ください。

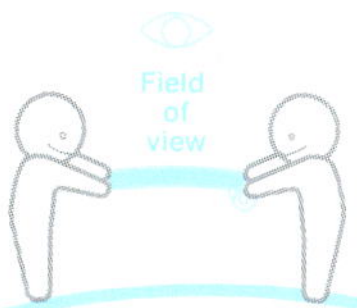

9-3 仕事をしながらでもできる速読トレーニング

速読力が高まると、メールのチェックも速くなる！

先ほど紹介した「高速で文字を見る」「幅広く文字を見る」トレーニングは、私たちの日常生活でも役立ちます。

たとえば、ワードを使って資料をつくって提出したり、メールを送信する前に、誤字・脱字のチェックをすることがあると思います。

そのとき、第4章で試した「間違い探しトレーニング（文字編）」を思い出してください。みなさんがふだんやっていることと、ほぼ同じです。

つまり、第4章のトレーニングを積めば積むほど、誤字・脱字を早く見つけられるようになり、1通あたりのメールにかける時間を短縮することができるのです。

試しに、メールを確認するスピードを、意識して速くしてみてください。確認の時間を「3秒」というふうに決めて、どのくらい認識できるか挑戦してみるのです。左ページのメールを読むのに何秒くらいかかるでしょうか？

もちろん、いきなりすべてを認識するのは難しいと思います。はじめはメールで「この情報は自分にとって重要な情報かどうか？」を意識するようにすることからはじめましょう。

図6　何秒で読めるか試してみよう

差出人：小山睦子〈koyamamutsuko@……〉　6/26　12：00
宛　先：Ex イントレ 角田様〈tsunoda@……〉
件　名：速読教室について質問です

Ex イントレ代表
角田和将　さま

いつもお世話になっております。

先日体験会に参加いたしました小山と申します。

体験を受けてみて、「読まなくても速読はできる」

という部分に、大変衝撃を受けました。

今後、正式に申し込むかどうか検討しております。

もしよろしければ、下記２点伺わせてください。

可能な範囲でお答えをいただけたら幸いです。

１）毎月通うのが難しそうです

オンラインでの学習は可能でしょうか？

２）代金

１回ずつお支払でしょうか、それとも一括払いでしょうか。

ご検討をよろしくお願いいたします。

小山睦子

また、第8章の「言葉の思い出しトレーニング」は、インターネットで情報を検索する際にも役立ちます。

さらに、書店などで本棚から自分が読みたい本を探すとき、本を1冊ずつなぞりながら探すのではなく、全体をパッと見ながら探してみるのも、「幅広く見る」トレーニングにつながるでしょう。

1日5分のトレーニングで月収100万を超すように！

私はふだん、ＦＸもしているので、チャートで値動きをよく見ます。

そのときには、なるべく幅広く、瞬間的かつ〝意識的に〟見ることによって、「高速で見る」「幅広く見る」ようにしています。

チャートは文字ではありませんが、速読の技術が至るところで応用できます。

値動きが極めてシビアな世界なので、毎回それで１００％把握できるわけではありませんが、トレーニングだと思ってやっているうちに、限られた時間で必要な情報を得るのが速くなりました。

以前は家に帰ってから深夜0時をまわってもチャートを見続けて、それでもマイナスでした。しかし今は、瞬時に情報をキャッチして売り買いの判断ができるので、精神的にかなり余裕を持った状態で取引することができるようになりました。

このトレーニングを続けていくうちに、より瞬間的な判断ができるようになりました。前述したように、今ではFXだけで、月100万円以上稼いでいます。1日5分程度でこれだけのお金を稼げるようになるまで、2年弱かかりましたが、あのときはじめていなかったら、今でも私は勝てないトレーダーのままだったでしょう。

ただこれらのようなトレーニングは確かに、教室などで取り組む速読トレーニングに比べれば、速読に対する効果は低いかもしれません。

しかし、日常生活の中で取り組むことができれば、気軽に続けられます。

実際、私自身もかつてサラリーマンだったときは、日々忙しい毎日を送っていたため、それほど長く教室に通学できたわけではありません。

そんな中、結果を残すことができたのは、原理原則に基づいたトレーニングを自分なりに考え、教室に通っていた方よりも多くのトレーニングを積んだからだと思っています。

少しでもいいので、できることから取り組もうとする姿勢が重要なのではないでしょうか。

私はみなさんに、速読トレーニングを通じて、無意識に取り組めるものを見つけていただきたいと思っています。

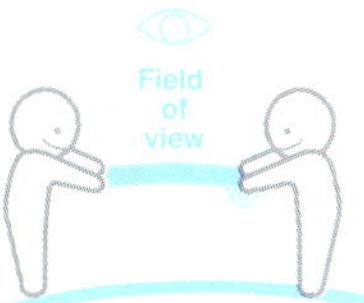

9-4 身のまわりのものでできる速読トレーニング

新聞やメールチェックでも速読は鍛えられる!

ここからは、日常生活の中で取り組むことができるトレーニングを紹介したいと思います。

❶ 新聞記事を使ったトレーニング

新聞記事は、紙面にもよりますが、だいたい1行10~13字ほど。トレーニングしていない人がパッと見て理解するには少し文字数が多いくらいです。そのため、「高速で文字を見る」「幅広く文字を見る」トレーニングとしては、最適な教材のひとつになると思います。

② メールや電子書籍で行なうトレーニング

これと同じようなことが、メールチェックでも応用できます。

文字をなるべく高速かつブロック単位で見て理解するよう意識してみるのです。これができるようになれば、さまざまな場面で応用できるようになります。

電子書籍の場合、文字の大きさを変えることができます。文字を1行25字くらいになるように設定し、12文字ほどを半々の塊（ブロック）で見て理解するように練習してみるのもいいですね。

余談にはなりますが、**文字サイズは大きいものほど、なぞり読むのではなく、パッと見て理解しやすくなります**。逆に文字サイズが小さいものは、どうしてもなぞり読もうとする癖が出やすくなります。

「読んで理解」から「見て理解」に切り替えるクセをつけるという意味でも、最初はできるだけ文字を大きくして読むことを心掛けるといいかと思います。

ゲーム感覚で取り組む

トレーニングを解きはじめ、慣れてきたら、「楽しみながら、ゲーム感覚で取り組むこと」を意識していただきたいと思います。

ただ問題を解くのではなく、「より高速で見る」、「より幅広く見る」を意識しながら取り組んでみるのです。そうすることによって、一冊の本もいろいろな角度から楽しむことができると思います。

筋トレをするときに、鍛えている部分を意識するのと同じように、速読トレーニングの際も、「どこを」鍛えようとしているのか意識しながらやると、成果が出やすくなると思います。

「ながら」トレーニング

もう一点、新聞やメールなどを活用しながらトレーニングを行なうときは、音楽をかけながら行なうのもオススメです。

2つのことを同時に行なうのがコツなのです。

私の速読教室の生徒さんの多くは、はじめは「左脳で読んで理解」タイプです。ですから、右脳で見て理解するように伝えても、数分経つと、ほぼ全員がふだんのなぞり読みに戻ってしまいます。

左脳が出てきて、右脳が前面に出てくることができない状態ともいえます。左脳タイプの人は、文字を見ると、どうしても「なぞり読もう」としてしまいます。そのため、音楽によってこの前面に出てきている左脳の意識を、文字以外の方向に逸らすわけです。こうすることで、一方の右脳で理解しやすい環境をつくってあげるのです。

図7 「ながら」でも速読できるようになる

音楽を聴きながら本を読む

会話をしながら読む

2つのことを同時に行なうことで、
右脳と左脳をバランスよく使うことができ、
速読力が鍛えられる

会話しながらでも速読力は鍛えられる

ほかにも私の教室では、速読しながら受講生同士で会話をしてもらっています。会話をすると、次に話す内容を左脳で考えるようになります。

一方、目線を文章に置いたままにしておくことで、文字を読まずにただ文字を眺めている状態になるため、「読んで理解」から「見て理解」に切り替えやすくなります。

よく「ながら」で勉強するのはよくないという方もいらっしゃいますが、右脳で見て理解する観点から考えると、私はむしろ「ながら」でいろいろ取り組んだほうがうまくいくと考えています。

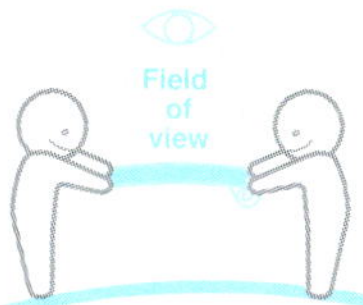

9-5

1日が3時間増えると、人生は変わる

速読を身につけた「後」をイメージする

これまでさまざまな角度から速読を鍛える方法をお伝えしてきましたが、本当の理解を得るには、実際に行動を起こすことが何より大切です。

183ページの図を見てください。

すべては「高速で文字を見る」、「幅広く文字を見る」トレーニングが起点となります。

「大したことじゃない」

「こんなに楽しいことをやって、そんなに素晴らしい結果が得られるのか？」

と思われる方もいらっしゃるかもしれませんが、実際にみなさんがやるべきことと自体はそんなに大げさなことではありません。ですが、そのわずかなことを意識するだけで、自分が想像する以上に良い結果が生み出されるのです。

たとえば、腕時計の歯車を思い浮かべてみてください。原動力となる歯車は本体の大きさに比べて非常に小さいですが、ほんのちょっとでも動くだけで、時計全体が動き出します。

それと同じで、多くの人が脳をほとんど使い切っていないといわれていますが、少し動くようになるだけで、大きな力が発揮されます。無茶な妄想は抱かずに、

図6　速読で本当の理解を得るまでの流れ

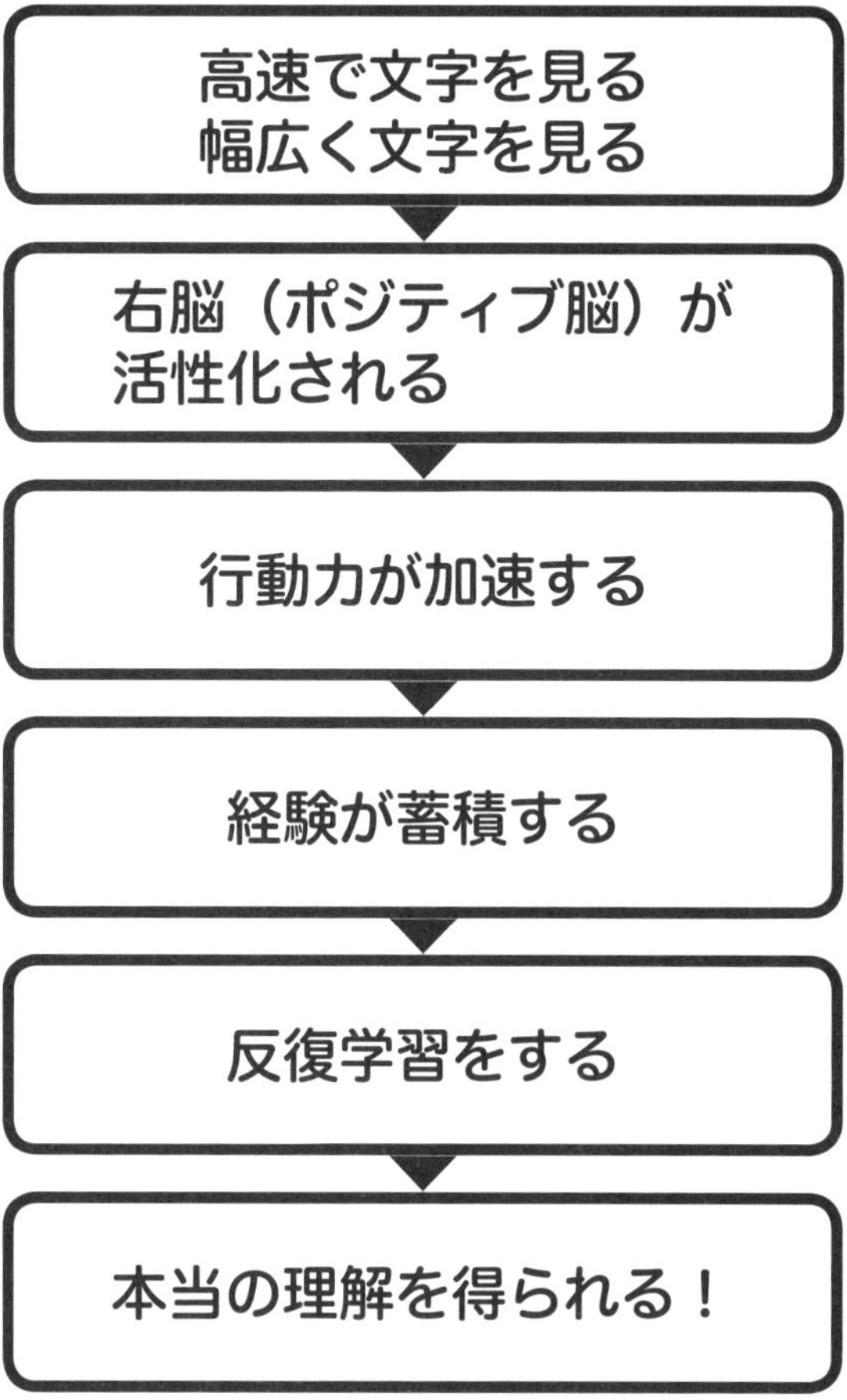
高速で文字を見る
幅広く文字を見る
右脳（ポジティブ脳）が
活性化される
行動力が加速する
経験が蓄積する
反復学習をする
本当の理解を得られる！

できることだけに集中して、確実に取り組んでいただきたいと思います。

このサイクルが徐々に、加速度的に回りはじめると、今まで1冊の本（文書）を読むのに1時間かかっていたものが、30分や10分で終わるようになってきます。その分、時間が30分以上も増えるので、その時間で新しいことにチャレンジできます。また、今まで以上に深い理解が得られるようにもなります。

速読を身につけた「後」のことを考えよう

速読は、文字情報を処理する1ツールにすぎません。ですから、速読を身につけた後、その能力を活かすも殺すもあなた次第です。

また、くり返しになりますが、速読は、時間の質と量を変えるツールです。その能力を身につけることで、本来みなさんが目指したいこと、目的を達成することに対して、間違いなく加速がつくようになります。「1分間に何十万文字読めるようになる」とか、「1冊1分で読めるようになる」とか、魔法のようなことは起きないかもしれませんが、時間の質と量は間違いなく激変します。

どうか他人と比較せず、また目的を見失わずに、速読トレーニングを本来の目的達成に活かしてもらいたいと思います。

おわりに

速読でも何でもそうですが、どんなことでも「できるはずがない」と思っていては、いつまでもできるようになりません。

しかし、「できる」と信じてやっていれば、必ずできるようになります。

ここで、実際にトレーニングを続けて結果を出された受講生・兼子さんについて少し紹介したいと思います。

兼子さんは、教室に通いはじめる前まで、仕事上の悩みを抱えていました。

一生懸命仕事をしているものの、忙しくて余裕がなく、一つひとつの仕事が事務的になってしまっていたそうです。

しかし、速読を通じて読むスピード、書くスピードが速くなったおかげで仕事が早く終わるようになり、自然と職場の方とコミュニケーションを取る機会が増えていきました。

すると、いつの間にか「周りの同僚の力になりたい」と思える気持ちの余裕が出てきて、仕事も、自分本位ではなく、周りのためにすることが増えていきました。

その結果、昇給したそうです。

昇給というと、年1回か2回、決まっている時期に、と思うかもしれませんが、兼子さんの昇給は、管理職の推薦による特別昇給だったそうです。

周りはきちんと見ているものなのですね。

このような結果を出している方は、兼子さんだけではありません。

旧帝大の合格判定がEランク（合格確率20％未満）から、たった3ヶ月で合格判定がAランク（合格確率80％）に飛躍的に伸びた大学受験生もいます。しかも、勉強環境は特に変えず、速読トレーニングを追加しただけで、です。映画や小説などに出てくるようなドラマが実際に起こっているのです。

やると決めて本気できちんと取り組めば、単なる速読という結果だけではなく、それ以上の価値を生み出すことができます。

トレーニングの効果は徐々に現れるものなので、なかなか体感しづらいものではありますが、必ず結果は出ます。みなさんもぜひ楽しみながら、できることから取り組んでいってほしいと思います。

最後に、今回の出版にあたってお世話になった、編集者の大島永理乃さん、出版コーディネーターの小山睦男さん、速読を教えてくれた師匠に感謝します。

また、速読と出会うきっかけを与えてくれた、投資の師匠であるミリオネアアカデミー代表の竹井佑介さん、日頃一緒に指導を行なってくださっている沖縄の公務員養成塾 Ace 塾長の安慶名勇子さん、そして影ながらメンターとして本当にいつも支えていただいている青山聡一郎さん、私の速読を世に広めようと、全身全霊の思いでご支援くださっている服部遣司さん、五十嵐智子さん、これまで私の話を聞いてきてくださった受講生のみなさまと、本当に書き出したら止まらなくなるくらい多くの方々に支えられて、今回このような出版という機会をいただくことができました。本当に、本当にありがとうございました。

角田和将

2015年6月末

〈特典のダウンロードについて〉

１６６ページで紹介した眼筋トレーニングおよび使用方法の解説教材を、本書をご購入の方全員にプレゼントいたします。

http://intre.co にアクセスした後、パスワード **sogo_horei-present** をご入力いただくと、ファイルをダウンロードしていただけます。ぜひご活用ください。

●お問い合わせ窓口：info@intre.co

角田和将　Kazumasa Tsunoda

1978年生まれ。Exイントレ協会代表理事。
高校時代、国語の偏差値はどんなにがんばっても40。本を読むことが嫌いだったが、借金を返済するため投資の勉強をはじめる。そこで500ページを超える課題図書を読まざるを得ない状況になり、速読をスタート。開始から6ヶ月後に日本速脳速読協会主催の読書速度認定試験で、1分間約1万文字の認定を受ける。8ヶ月目には同協会主催の速読甲子園で準優勝、翌月に開催された特別優秀者決定戦で速読甲子園優勝者を下し、約2万人中1位の日本一となる。その後、独立。速読を通じて時間の量と質を変えることの大切さを教えるため、国内外を飛び回っている。
これまでに指導した生徒は1000名超。「1日で16冊読めるようになった」「半年間で500冊もの本を読んだ」など、ワンランク上の速読を目指しつつ、挫折しない、高い再現性を実現する指導を行なっている。

投資においても、1000名の受講生に対して、独自の理論に基づく速読理論と経験を踏まえた指導を行ない、月収数十万円〜数百万円の利益を上げるトレーダーを多数輩出している。

著書に、『速読日本一が教える1日10分速読トレーニング』（日本能率協会マネジメントセンター）がある。

ホームページ　http://intre.co/

1日が27時間になる！　速読ドリル

2015年 8月 8日　初版発行
2015年 9月 7日　4刷発行

著　者　角田和将
発行者　野村直克
発行所　総合法令出版株式会社
〒103-0001　東京都中央区日本橋小伝馬町 15-18
ユニゾ小伝馬町ビル 9階
電話 03-5623-5121（代）
印刷・製本　中央精版印刷株式会社
落丁・乱丁本はお取替えいたします。

ISBN 978-4-86280-461-7

総合法令出版ホームページ　http://www.horei.com/